VENTE DU JEUDI 24 MAI 1888

HOTEL DROUOT, SALLE N° 3

A trois heures.

TABLEAUX

MODERNES

DÉPENDANT

De la Collection de feu M. A***, de Limoges
Alluard

EXPOSITION PUBLIQUE

LE MERCREDI 23 MAI 1888

De une heure à cinq heures.

COMMISSAIRE-PRISEUR	EXPERT
Me Paul CHEVALLIER	**M. Eug. FÉRAL, peintre**
10, rue de la Grange-Batelière.	54, rue du Faubourg-Montmartre.

IMPRIMERIE D. DUMOULIN ET Cie
Rue des Grands-Augustins, 5, à Paris.

TABLEAUX MODERNES

IMPRIMERIE D. DUMOULIN ET Cie
Rue des Grands-Augustins, 5, à Paris.

CATALOGUE

DE

23 TABLEAUX

MODERNES

PAR

COROT, DELACROIX, DIAZ, TROYON, SERVIN, ETC, ETC.

Dépendant de la collection de feu M. A*, de Limoges**

DONT LA VENTE AURA LIEU

HOTEL DROUOT, SALLE N° 3

Le Jeudi 24 Mai 1888, à 3 heures.

COMMISSAIRE-PRISEUR	EXPERT
Me PAUL CHEVALLIER	M. E. FÉRAL, peintre,
10, rue de la Grange-Batelière, 10	54, faubourg Montmartre, 54

Chez lesquels se trouve le présent Catalogue.

EXPOSITION PUBLIQUE : Le Mercredi 23 Mai 1888.

De une heure à cinq heures.

CONDITIONS DE LA VENTE

La vente sera faite au comptant.

Les acquéreurs payeront cinq pour cent en sus des enchères.

DÉSIGNATION

TABLEAUX MODERNES

ANDRÉ (Jules)

1 — *Paysage.*

Au centre, un cours d'eau, des vaches se désaltèrent sur les bords, sous la garde d'une bergère.

Signé à droite.

Toile. Haut., 45 cent.; larg., 53 cent.

BAUDIT

2 — *Environs de Rome.*

Le paysage est coupé par des rochers. Au centre, un berger boit au bord d'une nappe d'eau.

Signé à droite et daté 1860.

Toile. Haut., 40 cent.; larg., 83 cent.

BRETON (Émile)

3 — *Soleil couchant. — Effet d'automne.*

A droite, un sentier sinueux ; au premier plan, des arbres au bord d'un cours d'eau.

Signé à droite.

Toile. Haut., 44 cent.; larg., 53 cent

CHARLET (attribué à)

4 — *La dernière cartouche.*

Episode de la Retraite de Russie.

Signé à droite.

Toile. Haut., 45 cent.; larg., 45 cent.

COROT (Camille)

5 — *Le matin.*

Un ruisseau coule au centre, entre deux bouquets d'arbres ; une paysanne garde une vache qui s'approche du ruisseau.

Vers le fond, on aperçoit quelques collines noyées dans les vapeurs du matin.

Fine et poétique composition, signée à gauche.

Bois. Haut., 41 cent.; larg., 26 cent.

COROT (C.)

6 — *La Femme au puits.*

Elle est debout, appuyée sur la margelle du puits, la tête de profil, regardant vers la gauche, la main sur la hanche. Elle porte un corsage vert, décolleté avec jupon jaune relevé.

Signé à droite.

Toile. Haut., 65 cent.; larg., 40 cent.

COROT (C.)

7 — *Les Bords de la Vienne.*

La rivière s'étend vers la droite, bordée d'arbustes; sur le devant un batelier traverse la rivière, ayant dans son bateau sa femme et son enfant.

Vers le fond, un village sur une colline.

Signé à gauche.

Bois. Haut., 28 cent.; larg., 46 cent.

COROT (C.)

8 — *Environs de Limoges.*

Quelques arbres au bord d'un étang ; dans le fond, des collines.

Ciel nuageux.

Signé à droite.

Toile. Haut.,25 cent.; larg., 34 cent.

DE DREUX (Alfred)

9 — *Jeune garçon en blouse bleue monté sur un cheval.*

Un chien terrier court auprès de lui.

Signé à droite.

Toile. Haut., 35 cent.; larg. 27 cent.

DELACROIX (Eugène)

10 — *Hercule retirant Alceste des enfers.*

Il la porte dans ses bras et la remet à Admète, roi de Thessalie, son époux. A droite, dans le creux des rochers, l'entrée des Enfers.

Au second plan, à gauche, un autel où des prêtres offrent un sacrifice.

Signé au centre et daté 1862.

Bois. Haut., 37 cent.; larg., 41 cent.

Le même sujet, avec variantes, avait été peint par Delacroix, dans un des tympans du salon de la Paix de l'Hôtel de Ville de Paris, brûlé en 1871.

DIAZ (N.)

11 — *Les Confidences de l'amour.*

Une jeune femme assise dans un bois, les épaules nues, une draperie bleue jetée sur ses genoux, écoute les paroles qu'un petit amour lui dit à l'oreille. Un chien est auprès d'elle.

Signé à gauche.

Bois. Haut., 35 cent ; larg., 24 cent.

DIAZ (N.)

12 — *Les gorges d'Apremont.*

Le ciel brillant et nuageux se reflète dans une mare qui se trouve au centre. A droite, auprès de quelques rochers, un berger tenant un bâton ; vers le fond, des animaux au repos

Signé à gauche.

Toile. Haut., 31 cent.; larg., 40 cent.

FLEURY

13 — *Nature morte.*

Fruits dans une coupe, perdrix, orange, pot de grès, etc., sur une table.

Signé.

Toile ovale. Haut., 90 cent.; larg., 70 cent.

GARDEL

14 — *Petite fille des champs.*

Elle est vue à mi-corps et pose sur sa tête une couronne formée de marguerites et de liserons.

Toile ovale. Haut., 00 cent.; larg., 00 cent.

GASSIES

15 — *Paysage. — Effet d'hiver.*

Au centre, un troupeau de cerfs.
Signé et daté 1860.

Bois. Haut., 26 cent.; larg., 35 cent.

LE JENTILE

16 — *Ferme du Limousin.*

Toile. Haut., 27 cent.; larg., 43 cent.

LE JENTILE

17 — *Vache au paturage.*

Toile. Haut., 33 cent.; larg., 44 cent.

LAMI (Eugène)

18 — *Carrosse du temps de Louis XIV, suivi par des seigneurs à cheval.*

Aquarelle signée à gauche.

Haut., 14 cent; larg., 24 cent.

LANDELLE (Ch.)

19 — *La mélancolie.*

Sous les traits d'une jeune femme vue jusqu'à la ceinture, la tête couverte d'une draperie violette, robe bleue, écharpe de mousseline sur les épaules.

Signé à droite et daté 61.

PASINI

20 — *Le départ pour la Mecque.*

Signé à droite et daté 1864.

Toile. Haut., 46 cent.; larg., 37 cent.

SERVIN

21 — *Les Bûcherons.*

Au premier plan, des arbres coupés; sur la droite, trois bûcherons cherchant à sortir d'une ornière un chariot attelé de deux chevaux.

Signé à gauche et daté 1862.

Toile. Haut., 42 cent.; larg., 60 cent.

TROYON (Constant)

22 — *L'Abreuvoir.* 20000 / 33000

Une vache se désaltère au bord d'un cours d'eau éclairé par un vif rayon de soleil ; à droite, au centre d'un massif de verdure, le tronc d'un platane à l'écorce d'un gris argenté.

Au second plan, à gauche, un paysage sombre et vigoureux.

Belle peinture, signée à gauche.

Toile. Haut., 73 cent.; larg., 92 cent

VILLEVIEILLE

23 — *Soleil couchant.*

Le soleil disparaît à l'horizon, en partie caché par de grands arbres qui bordent la rivière; sur le devant, un pêcheur, monté dans son bateau, va jeter ses filets.

Signé à droite.

Bois. Haut., 26 cent.; larg., 40 cent.

MIGNARD (attribué à P.)

24 — *Portrait présumé du maréchal de Noailles.*

Représenté debout, en pied, tenant le bâton fleurdelisé. Dans le fond, le siège d'une ville.

Toile. Haut., 1 m. 07 cent.; larg., 78 cent.

25 — *Plaque en faïence, représentant une Chasse au cerf.*

Haut., 39 cent.; larg., 58 cent.

SUPPLÉMENT

du Catalogue de la vente du Jeudi 24 Mai 1888

HOTEL DROUOT, SALLE No 3

TABLEAUX MODERNES

Dépendant de la Collection de M. X***

EXPOSITION PUBLIQUE

LE MERCREDI 23 MAI 1888

De une heure à cinq heure.

---

26. — **CASTAN** (G.) — *Paysage normand.*

Une femme et un enfant longeant un chemin sinueux qui se trouve au centre.

Signé à droite. — Toile, H. 50. L. 63.

27. — **CHAIGNEAU** (F.). — *Sous bois. — Forêt de Fontainebleau.* 400 / 200

Au centre, une bergère garde des moutons.

Signé à gauche. — Toile. H. 23. L. 32.

28. — **CHAIGNEAU** (F.). — *Un clos à Barbizon.*

Quelques moutons paissent sous la garde d'une fillette.

Signé à gauche. — Bois. H. 15. L. 20.

29. — **D'ARCENCE** (E.). — *Les bords de l'Oise.*

Signé à droite. — Bois. H. 15. L. 23.

30. — **DIAZ** (attribué à N.). — *Orientaux au repos dans un paysage.*

Signé à gauche. — Bois. — H. 22. L. 17.

31. — **FEYEN-PERRIN.** — *Femmes de pêcheurs attendant le retour des bateaux.*

Signé à gauche. — Bois. H. 24. L. 14.

32. — **GÉROME.** — *Hamdani.*

Etalon blanc du haras de Saint Cloud.

Signé des initiales.

33. — **GUILLEMET** (A.). — *Chaumière en Normandie.*

Signé à droite. — Toile. H. 36. L. 45.

34. — **KREYDER** (A.). — *Roses sauvages au bord d'un ruisseau.*

Signé à droite. — Toile. H. 38. L. 55.

35. — **LESSI** (Jean). — *Le Bal de la fraternité.*

Signé et daté 1884. — Bois. H. 28. L. 41.

36. — **MURATON** (Mme Euphémie). — *Pêches et branches de pêchers posées à terre.*

Signé à droite. — Toile. H. 28. L. 51.

37. — **MURATON** (Mme Euphémie). — *Laurier blanc et fleurs de grenadier dans un verre.*

Signé des initiales. — Toile. H. 34. L. 24.

38. — **ROUSSEAU** (Th.). — *Animaux au repos.*

Etude, d'après Karel du Jardin, provenant de la collection Alf. Sancier.

Toile. H. 16. L. 21.

39. — **VERNIER** (Emile). — *Un Pont sur la Tamise.*

Signé à droite. — Bois. H. 25. L. 34.

40. — **VOLLON** (A.). — *Une théière en faïence, des cerises dans un saladier, un vase de vermeil et une coupe en cristal; le tout sur une table en partie couverte d'un tapis de velours vert.*

Signé à gauche. — Bois. H. 23. L. 18.

41. — **ZUBER-BUHLER**. — *La Petite baigneuse*

Signé à droite. — Toile. H. 36. L 27.

— Hier, à l'hôtel Drouot, on a vendu les vingt-trois tableaux formant la collection de feu M. Alluand, ancien président du cercle des beaux-arts de Limoges. Cette adjudication a produit 82,465 francs, et les prix obtenus sont en proportion encore plus élevés que ceux de la vente Goldschmidt. Un tableau de Troyon, l'*Abreuvoir :* une vache se désaltère au bord d'un cours d'eau éclairé par un vif rayon de soleil, sur une demande de 20,000 francs, est rapidement monté à 33,000 francs et a été adjugé à M. Le Roy. M. Alluand, qui était un ami de Troyon, avait acheté ce tableau en 1861 au maître lui-même et l'avait payé 800 francs. Quatre petits tableaux par Corot se sont également bien vendus : le *Matin*, toile mesurant 41 centimètres en hauteur sur 26 centimètres en largeur, que M. Alluand avait acheté 200 francs en 1860, sur une demande de 4,000 francs, a été payé 9,200 francs. Les *Bords de la Vienne*, sur une demande de 5,000 francs, vendus 7,300 francs à M. Arnold. La *Femme au puits*, 4,050 francs, et une petite étude, *Environs de Limoges*, appréciée 1,500 francs, vendue 2,050 francs. Deux tableaux, par Diaz, les *Confidences de l'amour*, panneau mesurant 35 centimètres en hauteur et 24 centimètres en largeur, qui avait été payé 250 francs en 1862, sur une demande de 4,000 francs, a été adjugée 5,000 francs. Les *Gorges d'Apremont*, demande 2,500 francs, vendues 4,500 francs. Une étude, *Hercule retirant Alceste des enfers*, variante du sujet qui avait été peint par Delacroix dans un des tympans du salon de la Paix de l'Hôtel de Ville et qui avait été brûlé en 1871, sur une demande de 4,000 francs, a été achetée 8,000 francs.

Valeur	Échéance	Cours		Cours	
Gaz de Bordeaux	avril	517	50	...	..
Gaz parisien	janv.	525	..	526	..
Gaz central 3 0/0	id.	308	..	308	..
Gaz général	mars.	292	..	290	..
Cail	avril	452	..	450	..
Fives-Lille	janv.	470	..	...	..
Messageries maritimes nouv. 4 0/0.	avril	480	..	..	..
Omnibus 5 0/0	janv.	521	25	522	..
Voitures	avril	502	50	502	50
Transatlantique	janv	511	..	512	.
— — 3 0/0, r. à 500. t. p.	avril	341	.	342	..
Lits militaires	mai	585	..	585	..
Bons de la Presse		21	25	21	75
Bons de loterie de 100 f., au porteur, t. p.		129	..	127	50
— — — 60 fr. p.		127	25	...	..
Suez bons trentenaires	mars	137	50	138	..
— oblig. 5 0/0	avril	592	..	587	50
— — 3 0/0 1re série	mars	428	..	428	..
— — 3 0/0 2e série	id.	414	..	414	..
— bons de coupons	nov.	90	50	91	..
Panama 5 0/0 t. p.	15 janv.	316	50	316	..
— 3 0/0 t. p.	15 avril	191	.	191	..
— 4 0/0 t. p.	avril	231	50	231	50
— nouvelles 6 0/0 1re série	15 mai	397	..	396	..
— — — 2e série	15 mars	405	..	407	50
Banque Foncière russe 1re	janv.	340	..	340	..
Crédit foncier Santa-Fé 6 0/0	janv.	460	..	461	..
Crédit foncier égyptien 5 0/0	avril	438	..	438	..
Gaz de Madrid 5 0/0 r. 500	janv.	515	..	512	50

MARCHÉ EN BANQUE

Valeur	Cours		Cours	
Phénix Espagnol	516	25	517	50
Rio-Tinto	510	..	507	50
Tharsis	132	50	131	..
Domingo	280	..	...	..
Haïti 6 0/0	196	..	197	..
Lesage	785	..	792	50
Vieille-Montagne	246	25	246	25
Méridionaux italiens	316	25	316	25

PRIMES		FIN COURANT			FIN PROCHAIN		
3 0/0	dt 50	.. ..	à	.. ..	83 12	à	83 20
—	dt 25	82 87	à	83 ..	83 30	à	83 45

www.ingramcontent.com/pod-product-compliance
Ingram Content Group UK Ltd.
Pitfield, Milton Keynes, MK11 3LW, UK
UKHW022153260726
13993UKWH00005B/2337

9 782329 536873